DAPHNIS

ET

CHLOÉ,

PASTORALE,

REPRESENTÉE

PAR L'ACADEMIE ROYALE

DE MUSIQUE;

POUR LA PREMIERE FOIS

Le Jeudy vingt-huit Septembre 1747.

PRIX XXX. SOLS.

AUX DEPENS DE L'ACADEMIE.

ouvera les Livres de Paroles à la Salle de l'Opera & à l'Academie Royale de Musique, rue S. Nicaise.

M. D. CCXLVII.

VEC APPROBATION ET PRIVILEGE DU ROY.

Les Paroles de Monſieur LAUJON,

La Muſique de Monſieur BOISMORTIER.

ACTEURS CHANTANS

Dans les Chœurs.

CÔTE' DU ROI.		CÔTE' DE LA REINE.	
Meſdemoiſelles.	*Meſſieurs.*	*Meſdemoiſelles.*	*Meſſieurs*
Dun.	Lefebvre.	Cartou.	Deſerre.
Tulou	Marcelet.	Monville.	Gratin.
	Le Page C.		S. Martin.
Delorge.	Laubertie.	Riviere.	Le Meſle.
Larcher.	Fel.	Maſſon.	Sequeval.
	Bourque.	Rôllet.	Bellanger.
Delâtre.	Houbault.	Daliere.	Levaſſeur.
	Bornet.		Belot.
Cazeau.	Duchênet	Somerville.	Loüatron.
Delorme.	Orban.		
	Rochette.	Chedville.	Chapotin.
Lablotiere.	Pinot.	Gondré.	Dugué.

ACTEURS DU PROLOGUE ET DE LA PASTORALE.

DRYAS, *ancien Pastre au service de* SAPHIR *& cru pere de* CHLOÉ.	Mr le Page.
L'AMOUR,	Mlle Coupée.
UN PLAISIR,	Mr De la Tour.

AMOURS, ZEPHIRS, PLAISIRS & JEUX.

SAPHIR, *Seigneur Grec.*	Mr de Chassé.
AGENOR, *Seigneur Grec, ami de Saphir.*	Mr Albert.
DAPHNIS, *Berger.*	Mr Jeliote.
NIMPHES des Forêts.	
LA PRINCIPALE NIMPHE,	Mlle Metz.
CHLOÉ, *Bergere, cruë fille de Drias.*	Mlle Fel.
BERGERS, BERGERES & MATELOTS.	
UNE MATELOTE,	Mlle Coupée.
SACRIFICATEURS de PAN.	
PAN, *Dieu des Forêts.*	Mr Person.
FAUNES & DRIADES.	
PASTRES, au service de SAPHIR.	
UN FAUNE,	Mr De Lamare.
UN PASTRE,	Mr De la Tour.

PERSONNAGES DANSANS.

PROLOGUE.

AMOURS.

Mlles Chevrier, Durand,
Mrs Piffet, Barois,

ZEPHIRS.

Mr LYONNOIS,

Mrs Laval, Bourgeois, Le Fevre, Duval.

PLAISIRS.

Mrs Caillez, Feuillade, Levoir, Dangeville.
Mlles Puvignée, Brifeval, Devaux, Sauvage.

PREMIER ACTE

NIMPHES.

Mlle DALLEMAND.

Mlles Lyonnois, Pitro, Rofalie, Courcelle, St-Germain, Thieri, Beaufort.

SECOND ACTE

MATELOTS.

Mlle. CAMARGO.

Mrs Dumay, Dupré, Matignon, Lyonnois,
Mlles Puvigné, Lyonois c, Sauvage, Minot.

BERGERS & BERGERES.

Mr DUMOULIN, Mlle LE BRETON.

Mrs F. Dumoulin, Malter, Hamoche, Laval.
Mlles St-Germain, Courcelle, Thieri, Beaufort.

TROISIEME ACTE

PASTRES.

Mr LEVOIR, Mlle LYONNOIS.

Mrs Lyonois, Feuillade, Le Febvre, Laval, P. Dumoulin.

Mlles Lyonnois c. Minot, Sauvage, Humblot, Dasenoncourt.

FAUNES & DRYADES.

Mr DUPRÉ.

Mlle DALLEMAND.

Mrs Dumay, Dupré, Matignon, Hamoche.
Mlles Pitro, Rosali, Thieri, Beaufort.

PROLOGUE.

Le théâtre repréſente un Verger orné de buiſſons de fleurs.

SCENE PREMIERE.

DRYAS.

SE'JOUR cheri de Pomone & de Flore,
Chaque moment vous donne un éclat plus flatteur;
Le fruit de mes travaux que vous faites éclore,
M'offre les ſeuls plaiſirs que peut goûter mon cœur.

Ces fleurs que je vois naître au bord d'une onde pure,
Me rapellent encor ces jours delicieux
Où l'aimable objet de mes feux,
Chaque jour de mes mains recevoit ſa parure;
Et ces ruiſſeaux, par leur murmure,
Me ſemblent regretter des tems ſi précieux.

Séjour cheri de Pomone & de Flore, *&c.*

l'Amour ſort d'un des buiſſons de fleurs.

Que vois-je? Quel Enfant! Que fais-tu téméraire?

SCENE II.

L'AMOUR, *suite de l'Amour.* DRYAS.

L'AMOUR.

ENfant badin, je cherche le plaisir,
Je le suis d'une aîle légere.
Si je viens en ces lieux, c'est qu'ils ont sçu me plaire,
J'aime les fleurs, & je vais en cüeillir.

DRYAS.

Redoute mon courroux,

L'AMOUR.

Non tu me feras grace.

DRYAS.

Je sçaurai t'arrêter.

L'AMOUR.

Je brave la menace,
L'obstacle loin de me troubler,
Ne fait qu'irriter mon audace.

DRYAS.

Fui.

L'AMOUR riant.

Non.

DRYAS.

Fui.

L'AMOUR.

L'AMOUR.

Va Dryas, on eſt quand on me chaſſe ;
Trop heureux de me rappeller.

DRYAS.

à part

Il me brave, & ne peut exciter ma colere ;

à l'Amour.

Crains tout...

L'AMOUR.

Je ne crains rien.

DRYAS,

à part. Arrête témeraire....
Non je ne ſçaurois me venger.

Pluſieurs Amours entrent dans le Verger.

Que vois-je il n'eſt pas ſeul ! Ils vont tout ravager !

Aux Amours qui ravagent les buiſſons de fleurs.

Fuyez loin de ces lieux,

CHŒUR d'AMOURS.

Les Fleurs y ſont trop belles.

DRYAS.

Fuyez...

CHŒUR.

Peut-on quitter ces Vergers enchanteurs !
Pour y voler de fleurs en fleurs,
Le Plaiſir nous donne des aîles.

DRYAS.

Je ne ſuis point maître de ce Verger;
Chers enfans; des larçins que vous venez d'y faire,
Le Maître que je ſers, ſur moi peut ſe venger:
Mais dût-il mille fois paroître plus ſevère,
Je ne puis uſer de rigueur
Pour vous deffendre un bien qui peut vous ſatisfaire;
Le plaiſir de vous voir eſt trop cher à mon cœur;
Cüeillez dans ces jardins tout ce qui peut vous plaire.

L'AMOUR.

Je ne viens point ici faire verſer des pleurs.
Depuis long-tems j'habite ce Bocage,
Je ſuis Dieu des Amans; ſouvent dans ton bel âge
Je te comblai de mes faveurs.
J'attirois en ces lieux l'objet qui ſçut te plaire,
Je t'indiquois la fleur qui lui plaiſoit le mieux;
Et ſi j'étois inviſible à tes yeux,
C'eſt que j'étois caché dans ceux de ta Bergere.

Chloé m'amene aujourd'hui dans ces lieux,
Dans ſes amours je la conduis ſans ceſſe;

» Laiſſe le ciel lui choiſir un époux.
» Un Dieu que ſa flâme intereſſe,
» Eclaircira ſon ſort en ſervant ſa tendreſſe;
» Il lui reſerve enfin, le deſtin le plus doux.

Volez Zéphirs dans ces bocages,
Volez Plaiſirs, venez les éclairer:
L'Amour y cauſa des ravages,
Volez, volez, venez les reparer.

Tous les Buiſſons que toucheront vos aîles,
Vont ſe parer des plus brillantes fleurs;
Que dans ces lieux mille beautés nouvelles
Annoncent que l'Amour y répand ſes faveurs.

Volez Zéphirs, dans ces bocages, *&c.*

SCENE III.

LES ZEPHIRS, LES PLAISIRS, & les Acteurs de la Scene precedente.

Les Zéphirs, les Amours & les Plaiſirs, voltigent autour des buiſſons, & y ſont renaître les fleurs.

CHŒUR.

VOlons, volons dans ces bocages,
Accourons à la voix du plus charmant des Dieux,
Il vient de ravager ces lieux,
Allons réparer ces ravages.

On danſe.

UN PLAISIR.

Que de plaiſirs l'Amour prépare !
Tout ſe pare
De ſes faveurs ;
Par mille biens ce Dieu répare
Les maux qu'il cauſe aux tendres cœurs.
Les buiſſons que couvre cet ombrage,
Ces fruits & ces fleurs, ſont ſon ouvrage ;
Doux préſage !
Doux avantage !
Les fleurs dans nos champs
Sont la parure des Amans :

Que de plaiſirs l'Amour prépare ! *&c.*

Sur ces ormeaux
Volez oiſeaux ;
Goûtez les fruits de ce bocage :
Quel heureux partage !
Pour vous quel ſéjour !
Vous vivrez des fruits que produit l'Amour.

Que de plaiſirs l'Amour prépare ! *&c.*

CHŒUR. *On danſe.*

Viens Amour, regne en ce bocage,
Tu ſçais y calmer les ſoupirs ;
De l'effet de tes traits tu nous offres l'image,
Pour quelques maux, mille plaiſirs.

FIN DU PROLOGUE.

ACTE PREMIER.

Le théâtre représente une forêt, au fond de laquelle on voit des Grottes consacrées aux NYMPHES PROTECTRICES DES BERGERS.

SCENE PREMIERE.

SAPHIR, AGENOR.

AGENOR.

LA nature en ces lieux prodigue tous ses charmes;
Des presens de Bacchus ces coteaux sont couverts,
Tes Esclaves soumis semblent chérir leurs fers,
Tout répond à tes vœux; qui cause tes allarmes?
De la mort de ton fils est-ce le souvénir?

SAPHIR.

Les Dieux se sont vengés, ils ont dû me punir.

AGENOR.

Ne me déguise point le sujet de tes larmes.

SAPHIR.

Tu le veux, écoute, & frémis.

Rappelle-toi ces instans, où ton fils
Fut enlevé dès sa plus tendre enfance
Par des Corsaires ennemis ;
J'eus une fille hélas ! Je cachai sa naissance ;
Pour laisser à mon fils & mes biens, & mon rang,
Je lui sacrifiai jusqu'à mon propre sang ;
On exposa sa sœur sur le rivage ;
Destinée au malheur avant de voir le jour
Ma fille n'eut que ma haine en partage ;
Un Pere enfin signala par la rage,
Les premiers mouvemens que l'on doit à l'amour.

AGENOR.

Oh Dieux !

SAPHIR.

L'image affreuse de mon crime
En tous lieux m'afflige & me suit ;
Agenor, cette même nuit,
J'ai cru revoir ma fille ; innocente victime,
Elle me reprochoit mes forfaits odieux ;
Que cherches-tu, disoit-elle, en ces lieux,
Pere denaturé ! Ta fille y vit tranquile ;
Viens-tu pour la troubler jusques dans cet azile ?

AGENOR.

Un ſonge ne doit point exciter nos ſoupirs ;
S'il eſt contraire à nos deſirs
Il faut s'en faire un badinage ;
Mais s'il nous peint de vrais plaiſirs,
Laiſſons-nous charmer par l'image.

SAPHIR.

Tout me préſage encor quelques nouveaux malheurs.
Pour me rendre le Ciel propice
Vien, préparons à Pan un pompeux ſacrifice ;
Puiſſe-t'il calmer mes terreurs !

ils ſortent.

SCENE II.

DAPHNIS DRYAS.

DAPHNIS, *ſeul.*

TRoupeaux chéris, paiſſez ſur la fougere,
Voulez-vous encor m'affliger.
Ils ſont en danger,
Pour eux la vie encor m'eſt chere ;
Ils mourront ſans Berger,
Comme je mourrai ſans Bergere.

Troupeaux chéris, paissez sur la fougere
Voulez-vous encor m'affliger.

à Dryas.

Nos Bergeres sans crainte erroient dans la prairie;
Quand un Corsaire est venu les ravir;
Nos Bergers dispersés n'ont pû les secourir.

DRYAS ET DAPHNIS.

Chloé vous nous êtes ravie!

DRYAS.

Je l'ai perduë hélas! sans espoir de retour!

DAPHNIS.

Vous me la refusiez, le ciel vous en sépare,
Il vous punit, Pere barbare,
Des maux dont vos refus affligeoient notre amour.

DRYAS.

Pour causer tes tourmens il falloit me contraindre,
Il ne m'est pas permis de faire ton bonheur;
Et si le ciel rendoit ta Bergere à ton cœur,
Je ne pourrois encor, cher Daphnis, que te plaindre.

Dryas sort.

SCENE

SCENE III.

DAPHNIS, *seul.*

Beaux lieux où j'ai goûté les plaisirs les plus doux,
Ne soyez point surpris de voir couler mes larmes:
Vous avez perdu tous vos charmes,
En perdant la beauté qui les rassembloit tous.

Vous qui dans ces bocages
Ne reserviez vos ramages
Que pour chanter nos plaisirs.
Tendres oiseaux, fuyez de ces rivages,
Avec l'objet de mes desirs:
Et vous forêt dont les ombrages
Déroboient aux jaloux nos plus tendres soupirs,
Dépoüillez-vous de vos feüillages.

Beaux lieux où j'ai goûté les plaisirs les plus doux,
Ne soyez point surpris de voir couler mes larmes;
Vous avez perdu tous vos charmes,
En perdant la beauté qui les rassembloit tous.

Se retournant vers les Grottes.

Nimphes de ces forêts, c'est vous que l'on offense,
Vous la perdez cette Beauté
Qui vous servoit avec fidelité,
Vengez-nous, signalez toute votre puissance;

Le titre le plus doux de la Divinité,
C'eſt de ſoumettre un cœur à la reconnoiſſance ;
En faiſant ſa felicité.

On entend une ſimphonie miſterieuſe.

Dans cet antre ſacré quel bruit ſe fait entendre ?
D'où naiſſent les concerts qui viennent me ſurprendre.

SCENE IV.

Les Grottes s'ouvrent : On y voit les ſtatües des NYMPHES, s'animer & s'avancer en danſant.

CHŒUR DE NYMPHES.

à DAPHNIS.

CEſſe de répandre des pleurs.

LA PRINCIPALE NIMPHE.

Calme jeune mortel la douleur qui t'accable,
A ton amour le Ciel eſt favorable ;
Qui ſert les Dieux, merite leurs faveurs.

CHŒUR.

Ceſſe de répandre des pleurs.

On danſe.

LA NIMPHE alternativement avec le CHŒUR.

Du bonheur la douce habitude
Mortels, feroit pour vous un préfent dangereux;
Si les Dieux ne mêloient vos jours d'inquietude,
Peut-être oublîriez-vous que vous les tenez d'eux.

On danfe.

LA PRINCIPALE NIMPHE.

» Le Ciel eft propice à tes vœux.
» Sur les bords d'une Ifle étrangere,
» Chaque Berger reverra fa Bergere.
» Embarque-toi. L'Amour qui veut te rendre heu-
» reux,
» Fixera ta barque legere,
» Sur la rive où Chloé doit s'offrir à tes yeux.

SCENE V.

DAPHNIS, CHŒUR DE BERGERS.

DAPHNIS.

BErgers accourez tous, c'eft le Ciel qui m'infpire,
Courons, volons, embarquons-nous.

CHŒUR.

LES NYMPHES.
LES BERGERS. } C'eſt le Ciel qui nous inſpire,

DAPHNIS.

Il prendra ſoin de nous conduire,
Eſt-il un eſpoir plus doux !
Courons, volons, embarquons-nous.

CHŒUR.

LES NYMPHES. } Courez, volez, embarquez-vous,
LES BERGERS. } Courons, volons, embarquons-nous.

FIN DU PREMIER ACTE.

ACTE SECOND.

Le théâtre represente une Isle.

SCENE PREMIERE

CHLOÉ.

RENAISSEZ dans mon cœur,
Espoir flatteur
De revoir ce que j'aime,
Renaissez dans mon cœur,
Pour faire mon bonheur.

Mon absence a plongé dans une peine extrême
Le Berger dont j'ai fait choix;
Daphnis ne me voit plus, il n'entend plus ma voix!
Qu'il doit souffrir, je le sens par moi-même.

Renaiſſez dans mon cœur,
Eſpoir flatteur
De revoir ce que j'aime,
Renaiſſez dans mon cœur,
Pour faire mon bonheur.

Echapée au rigueurs d'un funeſte eſclavage,
Le ſort conduit mes pas ſur ce charmant rivage;
Ah ! Que de mes malheurs le triſte ſouvenir,
Préſente à mon eſprit une flatteuſe image
Dans les charmes de l'avenir.

Daphnis ! ... En me voyant que va-t'il devenir ?
Sans lui puis-je vivre tranquile ?
Quittons à l'inſtant cet azile...
Mais quel pouvoir ſecret ſemble m'y retenir ?
Et par quel nouveau charme encore,
Le ſommeil ſur mes yeux verſe-t'il ſes pavots ?
Cedons aux douceurs du repos,
Si l'on peut en goûter loin de ce qu'on adore.

Chloé s'endort ſur un lit de gazon.

SCENE II.

CHLOÉ *endormie*, DAPHNIS *ſur une barque au milieu de la mer.*

DAPHNIS.

AH ! Que ces flots s'agitent foiblement !
Il ſemble que la mer retienne ſa furie
Pour laiſſer les Zéphirs ſeconder un amant;
Mais qu'ils ſoufflent legerement,
Et que j'avance peu vers la rive chérie !
Dieux ! Pour hâter mon bonheur d'un moment,
Que ne puis-je donner la moitié de ma vie !

Ah ! Que ces flots s'agitent foiblement !

Mais ma barque s'arrête! Eſt-ce où l'Amour m'apelle?
Reverrois-je Chloé ? Serois-je aſſés heureux ?
Deſcendons, & cherchons cet objet en ces lieux.

Il deſcend ſur la rive.

Que vois-je ? Une Bergere y repoſe ! Ah ! c'eſt elle !
J'en crois plus mon cœur que mes yeux.

Elle ſommeille hélas ! La beauté que j'adore.
Impatiens déſirs ceſſez de m'agiter ;
Les plaiſirs que je dois goûter
Euſſent-ils pour mon cœur plus de charmes encore,
Au prix de ſon repos dois-je les acheter ?

A son réveil, quelle surprise extrême!
Je verrai ses beaux yeux m'exprimer son ardeur,
Sa bouche au même instant me dira qu'elle m'aime,
Et tous deux à la fois enchanteront mon cœur.
Hélas! l'attente du bonheur
Flatte autant que le bonheur même.

Petits oiseaux, qui sur ces bords
Chantez l'amour qui vous rassemble,
Taisez-vous, suspendez un moment vos transports;
Les plaisirs feront nos accords,
Nous les célébrerons ensemble.

CHLOÉ en rêvant.

Hélas!

DAPHNIS à part.

Quelque objet séducteur,
Semble en rêvant occuper ma bergere.

CHLOÉ toujours endormie.

Cher Amant... cher Daphnis!

DAPHNIS. à part.

C'est moi! Songe flatteur!

CHLOÉ toujours endormie.

A vous aimer je mets tout mon bonheur.

DAPHNIS à CHLOÉ, endormie.

Et moi Chloé, tout le mien à vous plaire.
Si vous m'aimez, tous mes vœux sont remplis.

Chloé se réveille à la voix de Daphnis

Elle s'éveille hélas ! l'Amant vouloit se taire,
Mais l'Amour ne l'a pas permis.

CHLOÉ.

Cher Daphnis ... Ah ! c'est vous, puis-je en douter encore ?

DAPHNIS.

Reconnoissez l'Amant qui vous adore,
Aux plaisirs, aux transports, dont il est agité.

CHLOÉ.

C'est vous ! . . . Tout m'anonçoit la fin de mes allarmes ;
Un songe vous offroit à mon cœur enchanté.
Songe heureux !

DAPHNIS.

Ah ! Chloé, connoissez tous ses charmes,
J'étois témoin de ma felicité.

CHLOÉ.

Vous m'entendiez ? Que mon cœur est flatté !

DAPHNIS.

Que vous m'avez coûté de larmes !
L'Amour vous a laissé maîtresse de mes jours,
Chere Chloé, je meurs quand vous m'êtes ravie,

Mais quand je vous revois, quel bien pour nos amours
Je reprens à la fois mes plaisirs, & la vie.
Eh! Quel Dieu vous rend à mes feux?

CHLOÉ.

C'est sans doute l'Amour; pour venger notre outrage
Il souleve les flots; la crainte du naufrage
Force nos ravisseurs a désarmer les Dieux;
Soudain dans une barque on met chaque Bergere;
Le Dieu qui conduisoit cette troupe legere
L'Amour, connoissoit mon transport;
Il m'a fait devancer mes compagnes au port.

ENSEMBLE.

Plus de peines,
Serrons nos chaînes,
Goûtons désormais
Des plaisirs parfaits;
Plus de peines,
Amour lance sur nous tes traits;
Serrons nos chaînes,
Mais ne les brisons jamais.

On entend une simphonie.

CHLOÉ.

Dieux! de quels sons retentit cet azile?

DAPHNIS.

Ah! ce sont nos Bergers réunis en cette Isle.

SCENE III.

DAPHNIS, CHLOÉ, BERGERS, BERGERES, ET MATELOTS,

Les Bergers, les Bergeres, & les Matelots, debarquent dans l'Isle.

CHŒUR.

RAssemblons-nous sur ces bords fortunés,
Et volons aux plaisirs qui nous sont destinés.

DAPHNIS, aux Bergers.

Heureux Amans hâtez-vous de descendre,
Partageons le bonheur que l'Amour donne au Port;
Qu'il regne dans nos cœurs, qu'il y soit aussi fort
Que dans nos yeux il paroît tendre.

CHŒUR.

Rassemblons-nous sur ces bords fortunés,
Et volons aux plaisirs qui nous sont destinés.

Danse de Bergers.

CHLOÉ.

Que l'absence
Coûte en aimant!

Mais quand on lit la conſtance,
Dans les yeux d'un tendre Amant,
Un inſtant de ſa préſence,
Fait oublier le tourment
Que l'abſence
Coûte en aimant. *On danſe.*

DAPHNIS.

Ah! Que loin de ce qu'on aime
Un jour coule lentement!
Après cette peine extrême,
Que le retour eſt charmant!
C'eſt la felicité même,
Un jour nous ſemble un moment.

Danſe de Matelots.

Une MATELOTTE alternativement avec le CHŒUR.

De l'amour goûtons les faveurs,
Ce Dieu, de nos rivages
Bannit les pleurs;
Il ne ſouffre en ces lieux flateurs,
De ravages,
Que dans les cœurs.

Sur la mer craignons peu les vents,
Pour nous elle eſt calme en tout tems;
Quand le vent gronde,
C'eſt que ſur l'onde,
Il ne voit point voguer d'Amans.

De l'amour goûtons les faveurs,
Ce Dieu, de nos rivages
Bannit les pleurs;
Il ne souffre en ces lieux flateurs,
De ravages,
Que dans les cœurs.

L'Amour toujours heureux languit,
Sans les peines il s'affoiblit,
Quelques allarmes,
Des soûpirs,
Prétent de nouveaux charmes
A nos plaisirs.

De l'amour goûtons les faveurs, &c.

On danse.

DAPHNIS, aux Bergers & aux Bergeres.

Allons dans nos Hameaux, annoncer notre sort,
Que vous leur trouverez de charmes,
Vos tourmens vont cesser, vous aspirez au port,
Et peut-être allons-nous y verser bien des larmes.

CHŒUR.

Vents orageux éloignez-vous
Fuyez, fuyez de ce rivage;
L'Amour s'est déclaré pour nous,
Nous ne craignons point de naufrage.

Vents orageux éloignez-vous,
Fuyez, fuyez de ce rivage,
Allez reservez votre rage
Pour les jaloux
Dont le courroux
Pourroit troubler notre voyage.

Vents orageux, &c.

Ils se rembarquent.

ACTE TROISIEME.

Le théâtre repréſente un Bois conſacré à Pan. On voit ſous un boſquet la Statue de ce Dieu, derriere un Autel ruſtique. Les arbres ſont chargés de Guirlandes, d'inſtrumens champêtres & d'autres offrandes Paſtorales.

SCENE PREMIERE.

DAPHNIS, *ſeul.*

C'EN eſt donc fait, je ne dois plus m'attendre
A l'hymen qui devoit couronner mon ardeur;
Le pere de Chloé la refuſe à mon cœur,
Quand le Ciel vient de me la rendre.

A la Statüe de Pan.

Deux Amans firent tout pour vous,
Dieu de ces lieux, que ferez vous pour nous?

De notre musette champêtre
Je vous consacrois tous les sons;
Vous étiez Dieu de nos chansons,
Lorsque l'Amour cessoit de l'être.

Deux Amans firent tout pour vous,
Dieu de ces lieux, que ferez vous pour nous?

Regardant les offrandes Pastorales.

C'est pour vous offrir ces guirlandes
Que Chloé choisissoit des fleurs;
Elle assortissoit les couleurs,
Nos deux cœurs faisoient les offrandes.

SCENE II.

SAPHIR, DAPHNIS,

CHŒUR DE PASTRES *au service de Saphir.*

DAPHNIS, à Saphir.

AH! Seigneur, pardonnez aux transports d'un Amant,
Je suis désesperé; ... c'est vous seul que j'implore,
On ravit à mes feux l'objet le plus charmant,

L'ornement

L'ornement de ces lieux; ... c'eſt peu vous dire encore,
Vous connoiſſez Chloé.... c'eſt vous ſeul que j'implore.

Ah, Seigneur! Pardonnez aux tranſports d'un Amant,
Quand on eſt prêt de perdre un objet qu'on adore,
Peut-on ſe plaindre foiblement?

SAPHIR.

Le bonheur d'un Rival, cauſe-t'il ton tourment?

DAPHNIS.

Si je n'avois que des Rivaux à craindre
Mon ſort n'auroit rien de fâcheux;
Si je n'avois que des Rivaux à craindre
Mon amour me feroit bien-tôt triompher d'eux.

Hélas! On répond à mes feux,
Mais je n'en ſuis que plus à plaindre,
Un Pere s'oppoſe à mes vœux.

SAPHIR.

Quel ſecours peut calmer la douleur qui t'accable?

DAPHNIS.

Ordonnez à Dryas de m'être favorable,
De m'accorder enfin l'objet de mon ardeur.

SAPHIR.

Sois heureux, j'y consens.

DAPHNIS.

Quel succès ! Ah Seigneur

J'en vais instruire ma Bergere.

à Dryas qui arrive.

Dryas, Saphir t'attend. Ah ! Je vole au bonheur.

SCENE III.

SAPHIR, DRYAS.

DRYAS.

QU'exigez-vous Seigneur, quel est donc ce mistere?

Daphnis paroît content, quand je lui suis contraire.

SAPHIR.

Eh pourquoi refuser ta fille à son amour?

DRYAS.

Je ne puis l'écouter.

SAPHIR.

Il faut le satisfaire,

Je le veux, obéis.

DRYAS.

Dieux! Puis-je encor me taire!

SAPHIR.

Explique toi.

DRYAS.

Chloé ne me doit point le jour.
Je la trouvai près de la rive,
Dans un berceau qui flottoit ſur les eaux ;
Attendri par ſa voix plaintive,
Ma main la retira des flots;
Je la nommai Chloé, j'ignore ſa famille,
Mais près d'elle je pris ces ornemens.

SAPHIR examinant les ornemens.

Grands Dieux !
Que vois-je, en croirai-je mes yeux ?
Je ne m'abuſe pas, le Ciel me rend ma fille.

DRYAS.

Sa fille !

SAPHIR, appercevant Cholé.

Je la vois; en cet inſtant flatteur,
J'ai peine à retenir les tranſports de mon cœur.

SCENE IV.

SAPHIR, DAPHNIS, DRYAS, CHLOÉ, AGENOR, CHŒUR *de Paſtres.*

CHŒUR DE PASTRES.

AH Chloé ! Pour vous quelle gloire !
Rien ne manque à votre bonheur.

CHLOÉ à Daphnis.

On va couronner notre ardeur
Je n'en puis plus douter ; ces chants me le font croire.

SAPHIR.

Chere Chloé, ſortez de votre erreur,
Ma fille, trop long-tems c'eſt vous cacher un Pere.

CHLOÉ.

Dieux ! que me dites vous Seigneur ?
Dans Chloé vous voyez une ſimple Bergere,
Voulez-vous abuſer de ſa ſimplicité.

DRYAS.

Non, l'on ne trompe pas votre credulité.

DAPHNIS à Dryas.

Pourquoi par cette impoſture
Troubler le bonheur de ce jour.

CHLOÉ ET DAPHNIS, *à Saphir.*

Voulez-vous à la fois allarmer la nature,
Et faire gémir l'amour.

SAPHIR à Daphnis.

Esclave éloigne-toi.

CHLOÉ.

Ciel! Que viens-je d'entendre?

On éloigne Daphnis.

DAPHNIS.

Adieu Chloé.

CHLOÉ.

Daphnis....

SCENE V.

SAPHIR, AGENOR, DRYAS, CHLOÉ, CHŒUR DE PASTRES.

SAPHIR, à Chloé.

O Seroit-il prétendre?

CHLOÉ.

Ah, je n'écoute rien, mon Berger...

SAPHIR.

Justes Dieux!

Ouvre les yeux, Chloé reconnois-moi.

CHLOÉ.

Mon maître,
Eſt-ce en m'ôtant ce que j'aime le mieux,
Que vous voulez forcer mon cœur à vous connoître ?
Non, rendez-moi Daphnis.

SAPHIR.

Ton rang & ma grandeur
M'empêchent de te ſatisfaire.

CHLOÉ.

Si le rang doit changer le cœur,
Mon obſcurité m'eſt trop chere.
Hélas ! Si vous êtes mon Pere,
Pourquoi vous refuſer à faire mon bonheur ?
J'aime & j'aimois Daphnis quand j'étois ſa bergere ;
Si le rang doit changer le cœur,
Mon obſcurité m'eſt trop chere.

SAPHIR.

Par un amour injurieux
Veux-tu flétrir le rang dont le Ciel te décore ?
Il faut triompher de tes feux.

CHLOÉ.

Doit-on rougir d'aimer qui nous adore ?
Quelques traits que l'amour ait lancé ſur mon cœur ;
Quoiqu'il ſemble y verſer ſa plus parfaite ardeur,
Mon berger eſt, je crois, plus amoureux encore,

N'a-t'il pas merité ma foy ?
Il eſt ſi tendre,
Ah ! Si vous ne voulez l'élever juſqu'à moi,
Juſqu'à lui laiſſez-moi deſcendre.

Faut-il pour vous fléchir embraſſer vos genoux ?
Rendez-moi mon troupeau, laiſſez-moi ma houlette ;
Non, pour tant de grandeurs mon ame n'eſt pas faite.

SAPHIR.

Je ſens encor pour toi les tranſports les plus doux.

CHLOÉ.

Eh ! Vous m'en refuſez la preuve la plus ſure.
Vous me faites voir en ce jour,
Qu'on peut braver la voix de la nature :
Mais je ſens qu'on ne peut reſiſter à l'amour.

SAPHIR.

Le tems à mes deſirs vous rendra moins contraire.
Je vais du ſacrifice ordonner les apprêts,
Les Dieux ſont irrités, de leur juſte colere
Prevenons, s'il ſe peut, les funeſtes effets.

SCENE VI.

CHLOÉ, DAPHNIS *qui arrive sur la fin du Monologue.*

CHLOÉ, seule.

ORnemens de ma bergerie,
Contre le sort des Rois voudrois-je vous changer ?
Avec vous chaque jour je voyois mon Berger,
Sans vous, sans mon Amant, que faire de la vie ?
Ornemens de ma bergerie,
Contre le sort des Rois voudrois-je vous changer ?
Appercevant Daphnis.
Que vois-je ! Quel bonheur ! Aurois-je dû l'attendre !
L'Amour enfin nous réunit,
Vous avez dû, sans doute, tout entendre,
Mais mon cœur n'avoit pas tout dit.

DAPHNIS.

Je ne dois plus m'occuper à vous plaire ;
Non, nous ne devons plus songer
A cette ardeur qui nous étoit si chere ;
Tout est changé pour nous ; mais ma Bergere,
Comment ferons-nous pour changer ?
Ah ! Le sort vous éleve à la grandeur suprême,
Pour tout bien je n'ai que mon cœur.

CHLOÉ.

CHLOÉ.

En faut-il davantage ? Eh ! Quel don plus flatteur ?
Si tu m'aimois comme je t'aime !...

DAPHNIS.

Quoi vous facrifier jufqu'à mon bonheur même !
Ah Chloé n'eft-ce point vous prouver mon ardeur ?

CHLOÉ.

Ne fuis-je point affés à plaindre,
Faut-il donc que Daphnis vienne encor m'allarmer ?
Tu vas connoître, Ingrat, comme je fçais aimer ;
Si mes feux te font chers ; ah ! Loin de les éteindre,
En préfence des Dieux, vien vien les rallumer.

DAPHNIS.

Ciel ! Sois propice aux nœux que nous allons former.

TOUS DEUX devant la ftatüe de Pan.

A tes autels c'eft l'Amour qui nous mene,
Que fa flâme à tes yeux nous tienne lieu d'encens,
Qu'elle brûle pour deux Amans.

A tes autels c'eft l'Amour qui nous mene.

Dieu qui fçut calmer notre peine,
Viens triompher par nos fermens ;
Voi-nous former une éternelle chaîne.

A tes autels c'eft l'Amour qui nous mene.

SCENE VII.

DAPHNIS, CHLOÉ, SAPHIR, AGENOR, DRYAS, CHŒUR DE SACRIFICATEURS, CHŒUR DE PASTRES.

SAPHIR.

QUe-vois-je ? Esclave audacieux,
Fille denaturée ! Objets de ma colere !
Si je ne respectois ces lieux
J'eusse immolé déja ce couple téméraire ;
Fuyez cruels, redoutez mon courroux.

CHLOÉ.

Cher auteur de mes jours, n'est-il donc pas plus doux
Que notre bonheur vous assure,
Des droits que vous avez sur nous,
Et que l'amour, & la nature,
Sur nos cœurs vous les donne tous.

On entend une simphonie.

AGENOR.

Qu'entens-je ? Quel concert champêtre.

CHŒUR.

Préparons-nous, Pan va paroître.

DAPHNIS ET CHLOÉ.

Dieu tu viens à notre ſecours,
Jamais en vain notre cœur ne t'implore.

SAPHIR.

Perfides? Sous mes yeux vous l'invoquez encore?
Ne ſert-il pas aſſez vos coupables amours?
C'en eſt trop, vous fuirez de ces Autels.

SCENE VIII.

Il va pour les écarter de l'autel, le Dieu PAN paroît à la place de la Statüe.

Acteurs précedens: PAN & ſa ſuite.

PAN à Saphir.

ARrête
Connois le ſort que le Ciel leur apprête;
Ces Amans, des Dieux ſont chéris,
Je viens couronner leur conſtance,

à Agenor.

Dans ce Berger, objet de vos mépris,
Agenor, reconnois ton Fils.

SAPHIR, AGENOR, CHLOÉ, DAPHNIS.

Qu'entens-je?

PAN, à Agenor.

De tes bras enlevé dès l'enfance,
Son raviſſeur le remit en ces lieux,
Dans les mains d'un Berger qui lui ſervit de Pere;
Il cachoit ſa naiſſance & réſervoit aux Dieux,
Le ſoin d'en faire un jour éclatter le miſtere.

SAPHIR, AGENOR, CHLOÉ, DAPHNIS.

Que vos bienfaits pour nous ſont précieux.

PAN.

Celebrez leur Hymen par vos chants & vos jeux.

SCENE IX.

FAUNES, DRYADES, PASTRES,
Et les Acteurs de la Scene précédente.

On danſe.

DEUX PASTRES.

TOut vole ſous tes loix,
Le plaiſir nous y mene,
Chacun chérit ta chaîne.
Tout vole ſous tes loix,
Point d'autre choix,
C'eſt notre voix.

Non, non, point d'autre choix,
C'eſt notre voix.

On danſe.

UN FAUNE alternativement avec le CHŒUR.

C'eſt dans nos bois
Que l'on ſoupire;
L'Amour, le Zephire,
Soufflent l'air qu'on y reſpire;
C'eſt dans nos bois
Que l'on ſoupire;
Tout n'aſpire
Qu'à faire un choix.

Tout eſt ſincere,
L'Amant ſans Myſtere,
Sans art,
Sans fard,

La timide Bergere,
Se plaît à lui plaire,
Jamais n'eſt legere,
J'amais le bonheur
N'affoiblit leur ardeur.

C'eſt dans nos bois &c.

Point de rigueur,
Point de cœur
Trop ſevere;

Heureux
Dans ces lieux,
L'Amant ſçait ſe taire ;
Le plaiſir diſpence
Ses biens en ſilence,
Le bruit
L'offence,
Il vole & s'enfuit.

C'eſt dans nos bois &c.

On danſe.

CHLOÉ.

Il eſt le plus puiſſant des Dieux,
Le Dieu dont nous portons les chaînes,
Sa gloire eſt de nous rendre heureux.
Amans, ſi l'on trouble nos feux,
Sans murmurer ſouffrons nos peines.
Il eſt le plus puiſſant des Dieux, &c.

On danſe.

CHŒUR DE FAUNES & DE SILVAINS.

Chantons à jamais leur memoire,
Que leur nom vole juſqu'aux Cieux ;
Des Dieux ils ont chanté la gloire,
Ils ſont favoriſés des Dieux.

FIN DU TROISIEME & DERNIER ACTE.

APPROBATION.

J'Ai lû par ordre de Monseigneur le Chancelier, *Daphnis & Chloé, Pastorale*, & je n'y ai rien trouvé qui ne doive en favoriser l'Impression. A Versailles ce huit Septembre 1744.

DEMONCRIF.

PRIVILEGE DU ROY.

LOUIS par la grace de Dieu, Roy de France & de Navarre : A nos amés & feaux Conseillers, les Gens tenans nos Cours de Parlemens, Maîtres des Requêtes ordinaires de nôtre Hôtel, Grand'Conseil, Prevôt de Paris, Baillifs, Sénéchaux, leurs Lieutenans Civils, & autres nos Justiciers qu'il appartiendra, Salut. Nôtre très-cher & bien amé le Sieur LOUIS-ARMAND EUGENE DE THURET, cy-devant Capitaine au Regiment de Picardie; Nous a fait représenter que, par Arrest de nôtre Conseil du 30 May 1733. Nous avons revoqué le Privilege qui avoit été accordé au Sieur le Comte & ses Associez, pour raison de l'Academie Royale de Musique, ses circonstances & dépendances, & rétabli ledit Privilege en faveur dudit Sieur Exposant, pour en joüir par lui, ses Associez, Cessionnaires & ayans-cause aux charges & conditions portées par ledit Arrest, pendant le temps & espace de vingt-neuf années, à compter du premier Avril de ladite année 1733 & que pour l'exploitation dudit Privilege, ledit Sieur Exposant se trouve obligé de faire imprimer & graver les Paroles & la Musique des Opera qu'il doivent être représentés; mais que pour cet effet il a besoin de notre Permission & des Lettres qu'il Nous a très-humblement fait supplier de lui accorder. A CES CAUSES, voulant favorablement traiter ledit Exposant : Nous lui avons permis & permettons par ces Presentes de faire imprimer & graver *les Paroles & Musique des Opera, Ballets & Fêtes qui ont été ou qui seront representés par l'Academie Royale de Musique, tant séparément que conjointement* en tels Volumes; forme, marge, caractere, & autant de fois que bon lui semblera, & de les faire vendre & debiter par tout notre Royaume; pendant le temps de vingt-neuf années consecutives à compter du jour de la datte desdites Présentes. Faisons défenses à toutes personnes, de quelque qualité & condition qu'elles soient d'en introduire d'Impression ou Gravure Etrangere dans aucun lieu de notre obéissance : Comme aussi à tous Imprimeur, Libraire, Graveurs, Imprimeurs, Marchands en Taille-Douce, & autres de graver, ni faire graver, imprimer, ou faire imprimer, vendre, faire vendre, débiter ni contrefaire lesdites Impressions, Planches & Figures de Paroles, de Musique des Opera, Ballets & Fêtes, qui ont été ou qui seront representez par ladite Academie Royale de Musique, tant séparément que conjointement en tout ni en partie, sans la permission expresse & par écrit dudit Sieur Exposant, ou de ceux qui auront droit de lui; à peine de confiscation, tant des Planches & Figures, que des Exemplaires contrefaits & des Ustanciles qui auront servi à ladite contrefaçon, que Nous entendons être saisis en quelque lieu qu'ils soient trouvez; de dix mille livres d'amende contre chacun des Contrevenans, dont un tiers à Nous, un tiers à l'Hôtel Dieu de Paris, l'autre tiers audit Sieur Exposant, & de tous dépens, dommages & interests, à la charge que ces Présentes seront enregistrées tout au long sur le Registre de la Communauté des Libraires & Imprimeurs de Paris, dans trois mois de la datte d'icelles; que la Gravure & Impression desdites Paroles & Opera sera faite dans notre Royaume & non ailleurs, en bon papier & beaux caracteres, conformément aux Reglemens de la

Librairie, & notamment à celui du dix Avril 1725. & qu'avant de les exposer en vente les Manuscrits gravés ou imprimés seront remis dans le même état où les Approbations auront été données ès mains de notre très-cher & feal Chevalier Garde des Sceaux de France, le Sieur Chauvelin; & qu'il en sera ensuite remis deux Exemplaires de chacun dans notre Bibliotheque publique, un dans celle de notre Château du Louvre, & un dans celle de notre très-cher & feal Chevalier Garde des Sceaux de France, le Sieur Chauvelin: Le tout à peine de nullité des Présentes; Du contenu desquelles Vous mandons & enjoignons de faire jouir ledit Sieur Exposant, ou ses Ayants-cause, pleinement & paisiblement sans souffrir qu'il leur soit fait aucun trouble ou empêchement. Voulons que la Copie desdites Présentes, qui sera imprimée tout au long au commencement ou à la fin desdites Paroles ou Opera, soit tenue pour dûement signifiée; & qu'aux Copies collationnées par l'un de nos amés & feaux Conseillers & Secretaires, foy soit ajoûtée comme à l'Original. Commandons au premier notre Huissier ou Sergent, de faire pour l'exécution d'icelles tous Actes requis & necessaires, sans demander autre permission, & nonobstant Clameur de Haro, Chatre Normande & Lettres à ce contraires. CAR tel est nôtre plaisir. DONNÉ à Fontainebleau le douziéme jour de Novembre, l'An de Grace mil sept cent trente-quatre, & de notre Regne le vingtiéme: *Et plus bas*, Par le Roy en son Conseil. *Signé* SAINSON, avec paraphe.

Registré sur le Registre VIII. de la Chambre Royale des Libraires & Imprimeurs de Paris, N. 797. fol. 779. conformément aux anciens Réglemens, confirmés par celui du 28 Février 1723. A Paris le 23 Novembre 1734.

G. MARTIN, *Syndic.*

De l'Imprimerie de la Veuve de DELORMEL, Imprimeur de l'Academie Royale de Musique, ruë du Foin à Sainte, Geneviéve & à la Colombe Royale.

www.ingramcontent.com/pod-product-compliance
Ingram Content Group UK Ltd.
Pitfield, Milton Keynes, MK11 3LW, UK
UKHW032006260826
14628UKWH00005B/2304

9 782329 345789